齐国故城

◎ 主编 金开诚

◎ 编著 黄为放

吉林出版集团有限责任公司

吉林文史出版社

图书在版编目（CIP）数据

齐国故城 / 黄为放编著 .一长春：吉林出版集团
有限责任公司，2011.4（2022.1 重印）
ISBN 978-7-5463-5047-9

Ⅰ.①齐… Ⅱ.①黄… Ⅲ.①区（城市）– 文化史 –
淄博市 – 古代 Ⅳ.① K295.23

中国版本图书馆 CIP 数据核字（2011）第 053537 号

齐国故城

QIGUO GUCHENG

主编/ 金开诚 编著/黄为放

项目负责/崔博华 责任编辑/崔博华 高原媛

责任校对/高原媛 装帧设计/马锦天

出版发行/吉林文史出版社 吉林出版集团有限责任公司

地址/长春市人民大街4646号 邮编/130021

电话/0431-86037503 传真/0431-86037589

印刷/三河市金兆印刷装订有限公司

版次/2011 年 4 月第 1 版 2022 年 1 月第 5 次印刷

开本/640mm×920mm 1/16

印张/9 字数/30千

书号/ISBN 978-7-5463-5047-9

定价/34.80元

前　言

　　文化是一种社会现象，是人类物质文明和精神文明有机融合的产物；同时又是一种历史现象，是社会的历史沉积。当今世界，随着经济全球化进程的加快，人们也越来越重视本民族的文化。我们只有加强对本民族文化的继承和创新，才能更好地弘扬民族精神，增强民族凝聚力。历史经验告诉我们，任何一个民族要想屹立于世界民族之林，必须具有自尊、自信、自强的民族意识。文化是维系一个民族生存和发展的强大动力。一个民族的存在依赖文化，文化的解体就是一个民族的消亡。

　　随着我国综合国力的日益强大，广大民众对重塑民族自尊心和自豪感的愿望日益迫切。作为民族大家庭中的一员，将源远流长、博大精深的中国文化继承并传播给广大群众，特别是青年一代，是我们出版人义不容辞的责任。

　　本套丛书是由吉林文史出版社和吉林出版集团有限责任公司组织国内知名专家学者编写的一套旨在传播中华五千年优秀传统文化，提高全民文化修养的大型知识读本。该书在深入挖掘和整理中华优秀传统文化成果的同时，结合社会发展，注入了时代精神。书中优美生动的文字、简明通俗的语言、图文并茂的形式，把中国文化中的物态文化、制度文化、行为文化、精神文化等知识要点全面展示给读者。点点滴滴的文化知识仿佛颗颗繁星，组成了灿烂辉煌的中国文化的天穹。

　　希望本书能为弘扬中华五千年优秀传统文化、增强各民族团结、构建社会主义和谐社会尽一份绵薄之力，也坚信我们的中华民族一定能够早日实现伟大复兴！

目录

一、齐国故城的调查与发掘

　　齐鲁文明具有丰富的历史文化内涵，是华夏大地上诸多文明中最为夺目的文明之一，它起源于上古，发展于商周，兴盛于春秋，传承数千年而不衰，为整个中华民族绚烂的传统文化增添了浓墨重彩的一笔。但随着时光流逝，昔日光辉灿烂的故城旧台，大部分已经被历史无情地从齐鲁大地上抹去，使后人不复得见。然而我们放眼山东地区，一座保存完好

的历史名城进入了我们的视野，那就是齐国故城临淄——齐鲁文明梦开始的地方。

临淄故城，周代时为齐国都城，西汉时又为齐王国都城，历时千余年。它是当时中国东方重要的政治、经济、文化中心和最繁华的都市之一。临淄是齐鲁大地上一座古老而美丽的城市，这里资源丰富，经济发达，是全国著名的石油化工基地；这里土地肥沃，农业发达，素有鲁中粮仓的美称；这里历史悠久，遗迹众多，厚载着齐故城源流不断的文化。虽然它经历了两千多年的岁月沧桑，但是大量的历史文化遗存仍然存在，雄风依旧的齐国故城垣遗址，沟通顺畅的排水明渠，四通八达的主干道路，雄风依旧的桓公台，极尽奢华的东周殉马馆，遥相呼应的临淄墓群，古韵犹存的孔子闻《韶》处，跨越千年的桐林田旺遗址，似乎向我们诉说着齐国故城的光辉历史……

姜太公是中国历史上一位富有传奇色彩的历史人物。周武王灭商之后，封太公于山东北部的齐地，从此揭开了周代齐国近八百余年长盛不衰的历史序幕。齐国古城历经春秋桓公称霸，战国威王称雄，开创了稷下学宫，倡百家争鸣，成为雄踞东方的强国。在临淄作为齐国都城的六百三十多年间，太公的后裔谨遵先祖教诲，苦心经营临淄，将其建设成为当时中国北方规模最大、人口众多的经济文化中心。根据《战国策》的记载："临淄甚富而

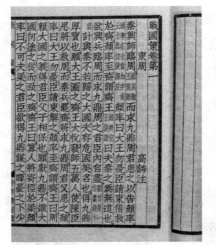

实，其民无不吹竽、鼓瑟、击筑、弹琴、斗鸡、走犬、六博、蹋鞠。临淄之途，车毂击，人肩摩，连衽成帷，举袂成幕，挥汗成雨，家敦而富，志高而扬。"书中还有"临淄之城七万户"的记载，这些描述虽然有夸张之处，但这段话是苏秦在齐王面前说的，基本情况应该是属实的。齐王建四十四年(公元前221年)，秦灭齐，以其故城置齐郡。其后，项羽封田都为齐王。汉灭楚，刘邦封庶长子肥为齐王，皆以故城为都。北齐时以齐郡治益都，临淄废。隋开皇十六年(596年)，在故城西南复置临淄县，属青州，唐、宋、元、明、清一直因袭。

山东临淄齐国故城位于淄博市临淄区齐都镇(旧临淄县城)的西、北面，东临淄河，西依系水，南有牛山和稷山，东、北两面为平原。新中国建立之后，考古工作者一直致力于对古城的挖掘，力图恢复旧城原貌，从新中国建立之初，齐国故城就时有文物出土。1964年春，山东省文物部门对齐故城进行了系统的勘探发掘，由时任文物局局长的黄景略担任文物工作队队长，在中国科学院考古研究所、河北省文物工作队、北京大学历史系、南开大学考古研究所、中国历史博物馆考古队等多家单位的大力配合下，通过近两年的野外作业，大致确定了齐国故城的位置，并出土了大量有价值的文物，为日后确定齐国故城的位置打下了坚实的基础。

1964年，考古工作队在故城郭城东北部淄河东岸，即现在的河崖头村西的一处东周时期的贵族墓地中发现了大量的马骨，通过对当地老人的走访，发现此地周围也曾经发掘出马骨，经过地质勘探和

深入走访,确定了此处应该是一座殉马坑。历经近一年的艰苦挖掘后,清理出殉马145匹。1966年又在西面的一座大墓中清理出了两段马坑,出土了近百具殉马。在巨大的成绩背后,也有着缺点与不足,由于当时历史条件的限制,加之考古经验不足,对故城的认识不够深刻,一大批有价值的资料被当时的学者忽视。20世纪70年代初,山东省革命委员会举办了应急干部补习班,培训了一批考古工作者和文化干部对故城进行挖掘,虽然取得了一定的成绩,但是仍然没有实质性的突破……进入20世纪80年代后,齐国故城的挖掘才重新步入正轨。1982年,考古工作者运用现代技术对古城墙的残垣断壁进行了解剖式的挖掘,对当时齐国古城的城市建设有了宏观的了解,并且对古城墙的原形进行了模拟。随后又将临淄文物工作队迁至辛店镇晏婴路,更名为山东省文物考古研究所临淄工作站。1988年到1990年间,考古工作队对李官村遗址进行了山东地区有史以来最大规模的发掘,挖掘面积多达7000平方米,其中发现的齐景公时期的殉马坑,为研究春秋时期齐国的政治、经济、军事和殉葬制度等方面提供了极为珍贵的资料,被列为1990年全国考古十大发现之一。1994年,经过国家上级部门的批准,在殉马坑遗址上建立了临淄中国古车博物馆,在展示古战车发掘序列的基础上,又向游客展示了发掘现场。

二、齐国故城的城市建设技术与齐国故长城

（一）布局科学的齐国城市建设

　　齐国故城布局合理，城市建设严谨
科学，在我国城建史上有着举足轻重的
地位。齐国故城建于淄河西岸，是由大小
两城组成的。大城是郭城，年代较早，可
能就是献公所迁的临淄。城平面呈长方
形，南北最长处4.5公里，东西最宽处近
3.5公里。小城是宫城，在大城的西南方，

南北长2.5公里，东西宽约1.5公里，东北部嵌入大城。这种平面布局，可能形成于春秋时期。大城周长24公里，小城周长7公里，大城东墙和小城西墙临河修筑，曲折多弯，城墙外有河流和城壕围绕。已探明大城城门有6座：东、西门各一座，南、北门各两座，门宽一般都在10米左右。东、西两面还应有门，但未发现。城内探出7条主干道路，大多与城门连接，有的贯穿全城，路宽6—20米，其中两条南北主干道路最宽，都是20米。这些纵横的道路，把大城分割为许多小区。大城东北部有两周遗址，西北部地势低洼，遗址较少，其他部位都分布着东周和西汉遗址。东北部有春秋姜齐的"公墓"，东南

部有战国墓地。东城与西城各有结构相
似的排水系统。小城有5座城门：东、西、
北门各一座，南门两座。东、北门均通向
大城，门道外口两侧城墙皆向外突出。探
出的三条主干道路，分别与南门、西门和
北门连接，路宽8—17米。沿城墙内侧，还
有宽6米左右的"环途"。城内西北部是
宫殿区，东南和南部有东周、汉代居住遗
址和战国铸钱遗址。城的南边是官署的
所在地，东北角以及西部是冶铜、冶铁、
制骨、烧陶等手工业作坊区，其间还分
布有商业区。城
内的商业区与居
民区是棋盘式的
布局，共分为十
个独立的区域，
以便于规范居民
的里、社管理和
商人的贸易。按
照苏秦"临淄之

城七万户"的说法，人口应该有三四十万之多。管仲将市民划为21个乡，士乡有15个，工商之乡有6个，在30万平方公里的区域内，按职业划分居住，生活井然有序，徘徊其间，至今仍能感受到当年的繁华场面。

齐国故城垣遗址，是国家重点文物保护单位。经仔细观察，至今仍存的残垣断壁，一层层薄厚有序的夯土层至今清晰可见，故城城墙，历经千年风雨剥蚀逐渐坍塌，有的已湮没地下，有的因挖土和河水冲刷而仅存断垣残迹。山东省文物局文物工作队曾于东古城村东200米处，发掘清理了一段大城北墙基址，发现此处城墙建造年代分三个时期，第一期为西周，二期为春秋，三期为秦汉。城墙是用泥土一层层夯筑起来的，城墙依照地形而筑，绵延起伏，有许多转角，不平直，现存完好的遗址尚有14处。在这些城垣遗迹中，保留最好的一段是大城西墙南端与小城北墙交接的地方，它位于小城北门100米处。城墙残高约5米，小城墙基宽20—30米，最宽处达55—67米；大城基宽在20米以上，最宽处为34米，全部用土分层夯筑而成。1982年，对此处进行了发掘，清理出一段城墙剖面，其夯层清晰规整，夯土层3—6厘米，夯筑痕迹明显可辨。这段残垣属大城西墙，被夹在小城北墙之中，表明大城西墙原是继续向南延伸的。由此推知，大城始筑年代应早于小城。为防止城墙剖面被风雨剥蚀，1983年建有拐角型墙壁

式砖房保护，并置"齐国故城墙垣遗迹"刻石。

护城壕在故城全城东、西墙外，有天然河道为屏障，南、北墙外掘有护城壕沟。壕沟环绕全城，规模宏大，在当时耗费了大量的人力、物力。

故城城内道路纵横交错，多与城门相通，已探明有10条主要交通干道。其中，小城内3条，大城内7条。小城东门大道，路宽8米，现保存1200米；西门大道宽17米，东伸650米，与南北大道相接；北门大道，路宽6—8米，南伸尚存1430米。

大城东部南北大道，自南墙东侧门通向东北方向，与东门里的东西大道相接，全长3300米，路宽20米。大城中

部南北干道，连接南
墙西侧门和北墙东侧
门，全长4400米，中间
有两处拐弯，路宽20
米。大城北部东西干
道，自东门至西墙，长
3600米，路宽15米。
北墙西侧门大道南
伸，与北部东西干道相

接，现存650米，宽6米多。大城中部东西
干道，长2500米，路宽17米。西门大道东
伸1000米，路宽10—20米。此外，离南墙
200—300米处与南墙平行的大路一条，
长1900米，宽4—6米。西墙附近与西墙
平行的南北道路一条，南通小城北门，宽
4—6米。以上10条道路，经普探分析，除
后两条和小城北门干道可能是晚期的道
路外，其余的路土都在生土以上，绝大部
分与城门相通，应是齐故城早期的主要
交通干道。

更让后人惊叹的是齐国故城的排水系统，城内经纬分明，所有的排水明渠，均是人工挖掘，排水沟与外界的河流自然相通，构成了完整的用水、排水和防护系统。齐故城排水系统的布局，是根据城内南高北低的自然地势，经过周密设计和科学规划的。现已探明有三大排水系统(其中小城一，大城二)，四处排水道口。同时又在大小城南、北城墙外挖有很深的护城壕，与淄河和系水东西相沟通，小城排水系统在西北部，自"桓公台"东南方向起，经"桓公台"的东部和北部，通过西墙下的排水口，流入系水。沟渠全长700米，宽20米，深3米左右。其排水口长15米左右，现地上仍有显著的痕迹。大城内排水系统有两条。其一，在大城东北部，沿东墙北流，通过东墙下的排水口注入淄河，排水口长18米，现地面仍有水沟遗迹。其二，位于西部，由一条南北和东西走向的河道组成。南北河道，自小城东北角始，和小城东墙、北墙的护城河相接，顺势北流，直通大城北墙部排水口，注入城外壕沟，长2800米，宽30米左右，深3米以上。南北河道北部又分出一支流，略偏西北方向，长1000米，经大城西墙排水口入系水。此排水道口，已于1980年发掘清理，东西长43米，南北宽7米，深3米，用天然巨石垒砌而成，水口分上下三层，每层5个方形水孔，孔内石块交错排列，水经孔内间隙流出，人却不能通过。这是既能排水，又能御敌的科学建筑，为世界同时代古

城排水系统建筑史上所罕见。现已在排水道口周围，修建了保护性院墙，在院门两侧墙壁上，刻有文字介绍和平面方位图。

(二) 历史悠久的齐国古长城

谈到齐国的城市建设技术，不得不谈齐国的古长城，它是齐国城市建设技术的延续和发展。春秋时期是诸侯争霸的时期，各诸侯国之间相互侵略、吞并，战争连绵不断。为了保护自己，抵御外敌侵略，各诸侯国纷纷集中大量人力物力来修筑城墙。齐国也不例外，齐长城也是在这个时期开始修建的。《水经注·济水》

曰："平阴城南有长城，东至海，西至济，河道所由曰防门，去平阴三里，齐侯堑防门即此也。"在洛阳曾出土一套编钟，上

面的铭文也有一段提到齐长城："征齐，入长城，先会于平阴。"这些记载都说明，早在春秋时期，齐国就已经建起了自己的长城，而且确实在战争中派了用场，比秦始皇命令修筑的万里长城还要早上三百多年。

齐长城绵亘千余里，它的修筑也是旷日持久的，前后历时二百六十多年才完成。据考证，齐长城的西段于公元前554年左右建成。根据《管子》记载："管子问于桓公：'敢问齐方几何里？'桓公曰：

'方五百里。'管子曰：'阴雍长城之地，其于齐国三分之一，非谷之所生也……长城之阳，鲁也。长城之阴，齐也。'"说明齐有长城的时候，国域是方圆500里，齐的长城主要是用来防御近邻鲁国的，后来也用以防御楚国。齐古长城西起黄河畔，东到黄海滨，逶迤于今山东长清、泰安、历城、莱芜、章丘、博山、沂源、临朐、沂水、莒县、五莲、诸城、胶南等13个县。齐长城是齐国人民心血和智慧的结晶，充分体现了他们在建筑艺术上的灵活性和独创性，修筑得非常科学。春秋时期，各诸侯国之间交战以车战为主，所以就齐国而言，泰山东西绵延近200里的山脊，无疑是很好的天然军事屏障。借助这样有利的地势修筑长城,有不少地段根本无需构筑。

齐长城作为诸侯争霸战争的产物,因战争而兴建,也必因战争而亡。随着齐国的逐渐强大和周围诸侯国的日趋衰弱,齐长城渐渐失去了存在的价值。到秦灭六国、统一中国后,齐长城更是引不起人们的重视了。于是,齐长城在人们漠然的目光中渐渐颓败,慢慢地失去了踪迹。齐长城的遗迹,在今博山一带尚有残存。现存博山区内的齐长城共有13段,即双堆山、阎王鼻、龙贝峪、千贝峪、凤凰山、峨岭、点将台、亮兵台、西门外、北门、东门、围屏山等。位于博山区内的齐长城几乎全是用自然石块砌成的,唯有凤凰山一段系土石混合结构。点将

台、亮兵台、西门、西门外、北门等遗址保存比较完好，长2200米，墙基宽6米，高2—4米。登临城墙高处，当年列国纷争、群雄割据之景油然浮现眼前。这是齐地最浩大的地表文物，也是齐地土石建筑的杰作之一，闪烁着齐文化的光彩。

说到长城，人们自然会想到孟姜女哭长城的故事，追根溯源，这个故事的原型起源于齐国。那是在齐庄公二年，庄公伐晋，胜利班师后仍觉余兴未尽，于是指挥军队去袭击莒国，但遇到了莒国军民

的顽强抵抗，

齐国大将杞梁

也战死沙场。

后来，齐庄公

与莒国讲和。

在回国的路

上，庄公在郊

外遇到了杞梁

的妻子，他对杞梁的勇猛由衷地爱惜，也为损失一员勇将而无限悲痛，便派人向她吊唁。杞梁的妻子闻知自己的丈夫已经战死，悲痛交加，但她是个很懂礼法的女子，强忍悲痛辞谢说："杞梁如果有罪，哪敢惊动国君派人吊唁？如果无罪，还有祖上传的破屋在那里，我不能在郊外接受吊唁。"齐庄公闻知此言后，深感惭愧，便亲自到杞梁家里设祭吊唁。杞梁的妻子在齐庄公等人走后，悲痛欲绝，想到自己上无亲长，下无子女，无依无靠，愈发难过，于是就来到城墙下，抚着她丈

夫的尸体失声痛哭，以至于过路人无不为她的遭遇而伤心流泪，为她以后的境况而忧虑。就这样，杞梁的妻子连续哭了十天，城墙也让她哭塌了。埋葬完丈夫的尸体，她就一路哭着来到淄水边，投水而死。第一个讲叙崩城故事的人，是西汉的刘向。他在《说苑》里曾经记述杞梁妻哭崩城一事。而较为详细地叙述了崩城之事是在他的《列女传·贞顺传》中。书说："乃就其夫之尸于城下而哭之。内诚感人，道路过者莫不为之挥涕，十日而城为之崩。"从此以后，大家一说到杞梁之妻，总是说她哭夫崩城，而把她"却郊吊"这件为礼法之事所重的核心内容给淡忘了。南宋时，有人作了《孟子疏》一书，书中说："其妻孟姜向城而哭，城为之崩。"杞梁之妻的大名这时才出现了，这就是孟姜！自此以后，这两个字就为人们所承认，大家不称她为"杞梁之妻"而称她为"孟姜"了。随着故事在民间流传和不断变化，后来发展成为孟姜女哭长城的故事，受到了后世的广泛传诵。

三、齐国故城的重要发现

（一）桓公台

　　齐国故城里面有很多大型建筑台基，之外有河沟（排水道）围绕。夯土基呈长方形，现高14米，南北长86米，东西宽70米。在桓公台周围曾多次出土铺地花纹方砖、脊砖以及有着树木双兽纹、树木卷云纹的瓦当。在距桓公台约1000米处，现存有6000平方米的夯土建筑台基，

"荒台故址吊桓公"就是著名的"临淄八大景"之一。

说到桓公台，人们自然而然地想起春秋时期的齐桓公。齐桓公，姜姓，名小白，因避齐襄公之乱，出逃莒国。齐襄公被杀后，其异母兄弟姜纠和姜小白分别从支持他们的国家出发，谁先到达临淄，谁就能成为一国之主。姜纠的大臣管仲日夜兼程，途中恰巧遇到了莒国军队护送姜小白回国，管仲假意上前拜见姜小白，然后冷不防向姜小白射出一箭。姜小白大叫一声，从车上栽倒下去。其实姜小白并没有死，那一箭正好射中他的衣带钩。管仲是有名的神射手，姜小白唯恐他再来一箭，便立刻就势栽倒。等管仲走远后，姜小白便策马扬鞭，率先到达临淄。公元前685年春，姜小白就任齐国第十六代君主，这就是历史上赫赫有名的齐桓公。齐桓公知人善任，不计一箭之仇，任命管仲为相，使齐国很快成为春秋五霸之首。

关于"桓公台"名称的由来，传说颇多。有的说此台是齐桓公宴会诸侯、聚招

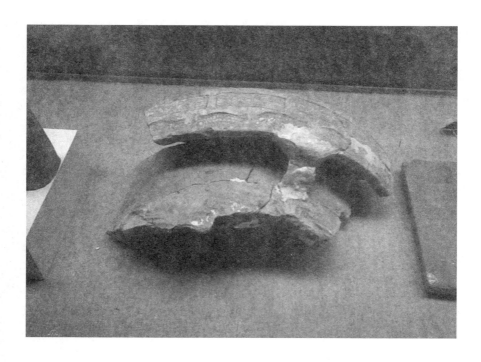

群臣的地方，又有的说是齐桓公的"拜将台"，还有的说是齐桓公与宠妃居住之地，因而又称"梳妆台""金銮殿"。

据史载，此台在秦汉时期称环台，魏晋时称营丘，唐长庆年间建桓公庙和管子庙于其上，始称桓公台。"桓公台"之称，实出于后人对齐桓公的缅怀追思之情。清朝诗人邓性游览此地后，写下了《桓台旧址》一诗："取威定霸迈群公，表海洋洋大国风。顾盼登台今昔异，惟余薜瓦烟雨中。"

1972年，山东省考古研究所就曾于桓公台东北约二百米处，发掘清理了一处汉代宫殿建筑遗址。1981年，市、区政府拨款对桓公台进行了维修，于台前立石质标志碑一座，由同济大学教授陈从周书

"桓公台建筑遗址",并阴刻说明文字,文曰:"此台秦汉时称'环台',魏晋时人称'营丘'。唐长庆年间,建齐桓公和管子庙于其上,故名'桓公台'。"桓公台几经修缮,至今基本上保持了当年雄伟壮观的原貌。登台远眺,故城万象尽收眼底,令人生发"人事有代谢,往来成古今"之叹。俯瞰桓公台和金銮殿遗址,其间有可容万兵操演的"大广场",让人不禁浮想联翩,当年在这里雄视天下的风云人物,如今都已成为历史烟云。

(二)孔子闻韶处

孔子闻韶处,位于今山东省淄博市齐都镇韶院村村北,为一处规模不大的淡灰色仿古建筑。门内北墙正中镶嵌着一方石碑,碑上隶书大字题曰"孔子闻韶处"。石碑左右，分嵌两方石刻，比碑略小。左边一块为"舞乐图"，上刻二人席地而坐，一人执管横吹，另一人居右端坐正视，似乎全部心神已沉入美妙的艺术境界中，当是孔子在欣赏音乐。下刻两个美女，长袖飘带，翩翩起舞。右边的一块为"韶乐及子在齐闻韶"简介。石刻文载：传说在中国远古虞舜时期，有一种叫做"韶"的乐舞，又称"箫韶"或"韶箫"。因韶乐有九章，故亦名"九韶"，是一种非常高雅的乐舞。到春秋时期，韶乐在齐国仍然盛行。《论语·述而》记载："子在齐闻韶，三月不知肉味。"

民国九年《临淄县志》载：清嘉庆时，

于城东枣园村掘地得古碑，上书"孔子闻
韶处"。后又于地中得石磬数枚，遂易村
名为韶院。至宣统时，古碑已无下落，本
村父老恐古迹湮没无传，故于1911年另立
石碑，仍刻"孔子闻韶处"。1982年，市、
区政府拨款将"孔子闻韶处"碑嵌于韶院
村学校内墙壁上，并增置"乐舞图"和简
述孔子在齐闻韶石刻。

（三）故城手工作坊遗址

手工作坊遗址的大量发现，是齐国
故城的另一重要特色。齐国故城的大城
中部偏西和
南部有大片战
国、汉代冶铁
遗址，东北部
和北部有东周
与汉代制骨遗
址，中部阚家

庄东南有汉代冶铜、铸钱遗址,中部偏南刘家寨周围有大型夯土建筑基址。小城南部有炼铁、冶铜和铸钱遗址。今已发现冶铁遗址六处、炼铜遗址两处、铸钱遗址两处、制骨遗址四处。分述于下:

1.冶铁遗址

(1)小城西部冶铁遗址:在小城西门东北200米处。范围南北约150米、东西约100米,属下层堆积(这一带有两层堆积,厚两米左右)。周围有许多夯土遗存,其间有10米宽的道路通向西门。

(2)小城东部冶铁遗址:位于今临淄城关面粉厂北400米处,西距辛(辛店)、东(东营)公路约100米。范围南北约70米、东西约60米。经钻探得知,属第二层堆积(这里一般有三层堆积,厚两米左

右），曾有探孔在铁
渣之下的路土中发现
瓷片，可能是一晚期
的冶铁遗址。

（3）大城西部冶
铁遗址：在大城南北
河道以西，石佛堂村
及村南一带，范围约
四至五万平方米，属
第三层堆积（这一带
有三层堆积，厚两米
以下），应是一东周晚
期的炼铁遗址。

（4）大城中部偏西的冶铁遗址：在南
北河道以东，位于付家庙村西和西南一
带，面积约四十万平方米，属下层堆积
（这一带一般有两层堆积，厚一米至两
米）。

（5）大城南部冶铁遗址：位于小城东
门以东，韶院村西，刘家寨村南的大片

地区都有冶铁遗迹存在,但中心地区似在大城南墙西门以内,大道的两侧,面积约四十万平方米,属于二三层堆积(这一带一般有三个地层堆积,厚两至三米以上)。这是六处冶铁遗迹中规模最大,最丰富的一处。在遗址内,特别是它的北部有许多夯土基址,曾在此发现过汉"齐铁官丞""齐采铁印"等封泥,当是汉代的"铁官"所在。

(6)大城东北部冶铁遗址:在阚家寨村的东南和村北,崔家庄的东北和村北,河崖头村西等大片地区都有冶铁遗迹存在,分布较广,但不集中。遗

迹较丰富处在崔家庄东北至村西北一带，面积约三万至四万平方米，这一带地层堆积厚，平均都有三层堆积，冶铁遗迹属第二层，当属东周时期的遗址。

2.炼铜遗址

西周时期是青铜器发展的鼎盛时代，姜太公建齐以后，青铜器在齐国也大为发展。1965年，从齐国故城大城东北部今河崖头村，一次就出土了西周晚期的青铜器13件，形体较大，造型厚重。被定为国家一级藏品的铜盂便是其中一种。该盂高43.5厘米，口径62厘米，重35.5公斤，腹部饰波状纹和窃曲纹，腹部有两个对称的杵形把手。其铸造遗址有两处。

（1）小城南部炼铜遗址：分两片，一片

是在小徐村北，其范围东西约八十米，南北一百余米，属下层文化堆积（这一带地层堆积三米左右，共两层）；另一片位于西关石羊村北头，其范围东西约一百五十米，南北一百米，层位与前者相同。皆属东周时期的遗址。

（2）大城东北部炼铜遗址：位于阚家寨东南及东北方向的"韩信岭"一带，探知这一带地层堆积有四层，铜渣、炉渣、烧土等发现于二至三层之间，第三层是灰绿土，质坚实，从试掘中探知是春秋前期的地层。

3.铸钱遗址

（1）齐刀币铸址：位于小城南部居中安合村南，靠近城墙。其范围自安河村南东西路起，向北200米，村南南北路向东向西各100米。上层已受到严重扰乱，曾出土过"齐法化"刀币和铸范。

（2）位于阚家寨村南一带，为西汉"半两"钱铸址。可见当时的铸钱规模是很大的。齐国的刀币种类也较多，就目前为止出土的齐刀币的不同面文来看，有六种。这些刀币做工精细，铸造难度大，没有相当成熟的技术是做不出来的。

4.制骨遗址

故城内制骨作坊遗迹范围较广，主要在大城东北部和北部，比较集中的有四处地方，即崔家庄东北、河崖头村西南部、东古城村以南和

田家庄东北。这里的遗物十分丰富，不仅出土过刀石砥砺，而且还有大量的残骨余料。

在古城城内还出土了大批陶器。陶器中高圈足，簋、豆、盂等类器较多，陶鬲有绳纹鬲和素面鬲两大类，绳纹鬲又有周式鬲和齐式鬲两种，一直延续到战国时期。东周陶器上流行戳印的陶文，内容多属作器者居地和人名。瓦当多素面，少数饰树木双兽、双目和树木卷草纹，偶见"天齐"瓦当和卷云纹、兽面纹瓦当。战国时期多半瓦当，汉代多圆瓦当。这些文物反映的文化特征与燕、赵比较接近。

(四) 临淄墓群

在齐都临淄周围几十里的地面上，大约分布着一百五十多座古墓，被称为"临淄墓群"。春秋时代的齐国墓群多在大城内，在战国、秦、汉时期则迁至故城南的牛山一带。墓主有国君、王侯、贵族、大夫、将军、名士等。墓的形制多为高大的封土墓，状如山丘。1977年，国家将"临淄墓群"公布为省级重点文物保护单位，淄博市人民政府立石质标志于故城南古墓旁。

晏婴冢在齐故城大城的西南部，桓公台的北方。墓高十米左右，墓前立有明万历年间镌刻的"齐相晏平仲之墓"石碑和清康熙五十二年、五十三年的重修

碑。1982年秋，新刻晏子像及其传略石碑立于墓前，墓周有砖砌围墙保护。经钻探，此冢封土未经夯打，土质杂乱并含汉瓦，表明这是后人为了表达对这位力行节俭、聪明机智的齐相的崇敬所修筑的纪念性墓葬。明朝嘉靖甲子（1564年）科举人，陕西省平阳府蒲州知县韩超然（今临淄区齐陵镇龙池村人）所写的《临淄八景诗》中就有则阳的诗句"古冢遗迹怀晏相"，可见晏婴冢在临淄地区还是有着很重要的地位的。

三士冢在淄博市临淄旧县城南门

外。一基三冢，高约16米，东西110米，南北近60米，传为春秋时公孙接、田开疆、古冶子三勇士之墓。《晏子春秋》载，三人事齐景公，恃功自傲，晏婴劝景公除去，景公惧三人骁勇难制。晏婴遂设计请景公送去两个桃子，让他们论功领赏。三人夸功，互不相让，意气难平，先后自杀。齐景公葬以士礼。一说三人皆义士，见晏婴蓄意陷害，不甘受辱，以死相抗。诸葛亮《梁父吟》云："步出齐东门，遥望荡阴里。里中有三坟，累累正相似。问是谁家冢？二桃杀三士。谁能为此谋，相国齐晏子。"有痛心凭吊之意。嘉祥出土汉代画像石刻中亦有"二桃杀三士"的故事。墓周建有砖石围墙，南设圆门和影壁。《梁父吟》刻石和摹刻的

"二桃杀三士"汉画像石等镶嵌于壁上。墓西立有"三士冢"石碑。

管仲墓在临淄城南牛山北麓，墓高14米，东西34米，南北近14米。后人登临牛山，总免不了在管仲墓前流连一番，毛维骓曾慨叹："幸脱当年车槛灾，一匡霸业为齐开。可怜三尺牛山土，千古长埋天下才。"旧时墓前曾立一石碑刻有此诗，今已无存。现墓周围已修砖石墙加以保护。墓前立石碑两方，一方刻"管仲像"，一方刻"齐相管夷吾之墓"，并阴刻其简历。

四王冢在临淄城东南、牛山之东，为东西排列的四座高大墓冢，是齐国四位国君的陵墓，史称"四王冢"。齐威王（公元前356—公元前320年），名因齐，齐国第四代国

君。在位期间任邹忌为相，励精图治，任孙膑为军师，田忌为将，国威大振，使齐国位列战国七雄之首。另三位齐王分别是：齐宣王（公元前320—公元前301年），名辟疆，威王之子。在位期间，"稷下学宫"大盛，游说

之士达数百人，齐国成为当时中国主要思想文化中心；齐愍王（公元前301—公元前284年），名地，宣王之子。在位时遭燕、秦、三晋合攻，愍王出逃。公元前284年，楚使淖齿将兵救齐，谋与燕分齐地，遂杀；齐襄王（公元前283—公元前265年），名法章，愍王之子。在位期间没有很大的建树，是位平庸的君主。四王冢陵墓方基圆顶，均匀排列，耸立在山坡上，显

得异常醒目。四座陵墓自西向东为序。其一, 高30米, 周长140米; 其二, 高43米, 周长157米; 其三, 高22米, 周长190米; 其四, 高23米, 周长130米。四墓间距总长541米。四座陵墓交相呼应, 气势恢弘, 如同东方金字塔群, 向游人展示着历经千年依旧辉煌的齐鲁文化。

二王冢在临淄城东南的鼎足山上。传为齐桓公、景公之墓, 据今人考证, 此桓公非指姜齐小白, 乃田齐第三代国君桓公午, 与之为邻的则为田齐的第二代国君田剡之墓。二墓东西并列, 方基圆顶。因山为坟, 封土高大, 其中西冢高12米, 周长190米, 堪称山中之山的高冢。

孝公墓在齐陵镇吕家孝陵村北, "孝陵"村以此

而得名。孝公（公元前642—公元前633年）系桓公之子，名昭。墓高8米，长80米，宽20米，封土完整，保存较好。

庄公墓在敬仲镇池柳村西。庄公（公元前553—公元前548年），系灵公之子，名光，为崔杼所杀。《左传·鲁襄公二十五年》（公元前548年）载："崔氏侧庄公于北郭"，即此。墓高5米左右，墓基呈正方形，边长50米，墓上灌木葱茏，青松掩映，安静清幽。

田穰苴墓位于齐都镇尹家村南。墓高10米，南北25米，东西38米，保存较好。田穰苴，齐国人，通兵法，为春秋晚期著名的军事家。相传齐景公时，率兵击退了晋燕的入侵，被封为司马。

田单墓位于皇城乡皇城营村东南。墓高8米，东西近30米，略呈正方形。墓前有民国七年立的"齐相田单之墓"石碑，碑身断为两截，现已无存。据《临淄

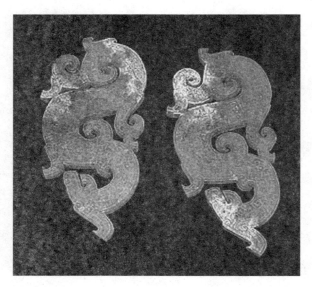

县志》（民国九年）载，曾有"于墓东掘井者得铜器甚多"。1972年，当地群众在墓东侧农耕时，离地表一米半左右，发现石椁，并间有大量卵石，疑为田单墓室。田单墓威严雄浑，至今仍保留着当年火牛阵大败燕军的英勇气概。

西汉齐王墓位于大武乡窝托村南，俗称淳于髡墓。淳于髡是战国时齐稷下学士中的著名人物，主要活动在田齐威王、宣王时期，在春秋诸国很有影响。墓封土高32米、东西250米、南北200米。1978年秋，市博物馆在此进行

发掘，探知此墓属长方形竖穴"中"字型大墓。墓口长42米、宽41米，墓室深17—20米，南北各有一条墓道。至1980年11月已发掘清理出墓室周围的5个陪葬坑（器物、车马、殉狗、两个兵器坑），出土金银器、陶器、铜器、

兵器、漆器、骨器、泥器、车马器等文物12100余件，其中铭刻铜器和银器53件。出土的矩形铜镜、鎏金花纹银盘、银盒等，是难得的珍品。据器物造型和铭文分析，应为西汉初期墓葬。尚有待主室发掘后方能定论。

太公衣冠冢位于永流乡张家庄东南。墓高18米，南北长50米，东西宽55米。姜太公名尚，字子牙，号太公望，东海人，世

称姜太公。公元前11世纪封于齐地，为齐国第一代国君。他在任期间，修国政、通商工、兴渔盐，人民多归齐。卒后葬于周，齐人思其德，葬衣冠于此。

孔融墓位于永流乡范家村东。孔融，字文举，鲁国人。东汉末学者，"建安七子"之一。汉献帝时为北海相，后为曹操所忌，被杀。著有《孔北海集》。其墓高12米，南北13米，东西18米。

徐徐清风两千年来吹拂着这些帝王、贵族的陵墓群，今日它们仍沉沉地睡在

这里，金戈铁马的岁月已经离我们远去，
但是这群峰连绵、气势巍峨的帝王陵墓
却向我们展示了这段千年前的辉煌，让
人不禁浮想联翩，曾有多少叱咤风云的
英雄人物在这里运筹帷幄，折冲尊俎，
为中国历史留下多少说不尽的英勇与智
慧。

四、临淄齐国故城
遗址博物馆

临淄大地上的古老遗址至今仍散发着历史文化的芬芳,临淄地下的古文物更为临淄赢得了地下博物馆的美誉。齐国历史博物馆位于临淄区齐都镇政府驻地。齐国历史博物馆建在齐国故城宫城遗址东部,是在齐国故城遗址博物馆文物陈列馆的基础上改建而成的,是一座古城堡式的建筑,是全国十大异型博物馆之一,以齐国故城大城与小城相互衔接的

特殊形制作外形，青砖砌垒，形似古城堡，别具一格，内部装饰古朴典雅，总建筑面积2600平方米，设有东、南两个拱形圆门，门楣上嵌有"齐琼元府"四个金文大字，意思是"收藏陈列齐国精美瑰丽珍宝的第一府第"。顶高15米，与宫城西部的宫殿建筑遗址桓公台东西相望，交相辉映，显得格外雄伟壮观。陈列内容是以齐国历史为纲，以时代先后为序，分先齐时期、周代齐国，以此为重点，突出了西周、春秋、战国三个时期，最后是秦汉时期。通过三百多件珍贵文物和大量的文献资料、模型、沙盘、雕塑、照片、图表等，全面介绍了齐国的政治、经济、文化、艺术、科技、军事和礼俗，记述了齐国的产生、发展、兴盛、衰亡史；反映了齐文化在华夏文化中所占的重要地位。整个的馆藏及陈列以史为纲，以纵为主，纵横结合，既突出了重点，又保持了齐国史的连续性和系统性。在文物陈列方面，以时代先后为主，又做到了相对集中。分序厅、龙山文化厅、西周文化厅，桓管霸业厅、韶乐厅、武威厅、城郭厅、稷下厅、科技厅、礼俗厅、火牛阵厅。并辅以雕塑、模型、沙盘等传统艺术形式和灯光、音响、影视等现代化高科技手法，全面细致地反映了齐国八百多年的辉煌历史和灿烂文化，展示了齐文化在华夏文化中的重要

地位,是目前博物馆陈列形式中的一种
创新和有益尝试。

(一)序厅

首先是序厅。陈列馆内部装修为仿汉
代宫廷风格,木制穿带,人字形斗拱,十
字格天花藻井,门窗取菱形或汉代图案
棂栅。色彩以亚光熟褐色为主调,隔断内
以亚麻布贴面,构成了一种古典凝重的

文化氛围。首先映入眼帘的是饰有龙纹图案的矩形镜，这是仿临淄汉齐王墓出土的青铜镜而作，体现了"以人

为鉴，可知得失；以史为鉴，可知兴衰"的含义。巨幅齐长城照片和恰似古"齐"字的原始木柱象征齐国有着悠久的历史和灿烂的文化。序厅整个布局明亮、简洁，给人留下深刻印象。序厅的第一部分是齐长城的照片。齐长城是我国最古老的长城之一，修建于公元前480年到公元前500年左右，它从平阴县的防门开始，绵延东行，到胶州市小珠山入海，全长一千多里。

序厅的第二部分，也就是序厅的中间耸立着三根直径为0.6米的巨型原木，顶

端镶嵌着对角线为1.2米的菱形不锈钢图案，粗糙的原木与精致的图案形成了强烈的反差，寓意深刻，辅陈设施创意独特，在狭小的展厅空间内选用大体积的中央柜和三角形长方柜，其创意取于古"齐"字，体现它是齐国历史博物馆的标志物，更衬托出齐鲁之地的泱泱大国之风。序厅的第三大部分是齐国地理位置图，这是一张春秋时代晚期的齐国地图，高3.5米，宽6米，仿汉代漆画制作，古朴典雅，做工精细。齐国地处黄河下游，华北平原的东部，东至黄海、渤海，西至黄河，南到沂水的穆棱，北到无棣，方圆两千余里，疆域占山东省的大部分地区。

（二）龙山文化厅

接下来是龙山文化厅。这个展厅主要是对先齐时代进行展示，陈列内容为五大部分，15个展厅，既突出了历史，又突出了文物，形成了齐国历史陈列序列。在齐国还没有建立之前，在临淄周围已形成了丰富的古文化，目前发现最早的是后李文化，因为是1990年在临淄后李官庄发现

的，所以叫后李文化，距今8300—7300年，它是早于北辛文化千余年的一种文化。陈列文物都是从后李文化遗址中出土的，主要特点是造型古朴，质地松软，以夹砂红陶为主，红褐色占绝大多数。生产工具多为蚌器，石器少见。

大汶口文化是由北辛文化发展而来，因1959年首次发现于山东省泰安大汶口而得名，距今6500—4500年，社会已进

入父权制。展厅展览的陶器多为1973年临淄薛家遗址出土红陶、灰陶等大汶口文化陶器。陶器以红陶为主，也有灰、黑陶和少量硬质白陶，手工为主，晚期出现轮制，造型较规整。生产工具以磨制石器为主，骨、角、牙器也多而精致。以后，大汶口文化又过渡到了龙山文化，这个展厅里的很多场景就是表现龙山文化时期齐地的先民们在生产和生活时的情景。龙山文化是新石器晚期的一种文化。1928年首次发现于山东章丘龙山镇城子崖，所以称龙山文化，距今4500—3900年。临淄地区已发现了12处龙山文化遗址，其中最大的一处是桐林田旺遗址，面积有50万平方米。展厅里悬挂的大幅照片就是遗址的地层剖面图，上面划分的层次分别代表不同时期的文化层。龙山文化时期的陶器以灰陶为主，黑陶次之，红陶和白陶极少。黑陶中有一种薄而有光泽的"蛋壳陶"，像这种"薄如纸，明如镜，黑如漆"的黑陶，显示了先民制陶工艺的精美绝伦，达到了登峰造极的地步。展厅里的镇馆之宝之一———陶甗，是先民常用的一种炊具，通高116厘米、同类器物中形体最大。上半部可以蒸饭，叫做甑，下半部可以烧水，叫鬲，中间细腰内有孔往上透蒸汽。通高115厘米。一次蒸煮的饭食可供十几个人同时用餐，反映了父系大家族的昌盛。对陶器这种特殊的文物，设计者单独设计了异形柜，不但突出了重点，还巧妙地运用了色彩

的协调和采光的效果，使观众步入展厅就感受到古色古香、庄严肃穆、典雅幽静的氛围。

岳石文化是晚于龙山文化而早于商代文化的一种文化，得名于平度岳石遗址，距今3900—3600年，即处于夏代纪年之内，既有其器物形制上的共同特征，又各自显示出不同的地方色彩。使新石器文化与青铜文化有机地联系起来。展厅东边的方孔石铲是临淄地区出土的岳石文化的代表器物。岳石之后就是商文化。展厅墙壁上悬挂的说明阐释了商部落的来源，商部落本是东夷族的一支，其早期活动范围大都在今山东境内。商代农业比较发达，已用多种谷类酿酒。手工业已能铸造精美的青铜器和烧制白陶，出现了规模较大的城市。展出的铜戈、玉戈、陶鬲等齐故城文物，说明齐都是建立在商代遗址上的。

（三）西周文化厅

西周文化厅是整个展馆的重要组成部分，周灭商以后，姜太公以首功被封到营丘建立了齐国。展厅中的连续图片展示了姜太公的丰功伟业。周武王把齐地封赏给了姜太公。太公率众人去自己的封国，半路休息时听见有人说："我听说时机难得而易失，这些客人睡得这样安逸，恐怕就没有去封国就任的心。"太公听后，便连夜上路，在黎明时分赶到了营丘，正遇上莱侯率兵攻打，与太公争国。经过一场激烈的争夺战，打败莱侯，太公才在营丘安定下

来。姜太公封齐建国后，以尊贤尚功、富民强国为立国之本，兴开放务实之政，求富民强国之效。他所采取的治国方略主要有三条：第一，简化君臣之礼，顺应当地风俗，平易近民，所以他到齐国仅五个月，就初步奠定了开国主政的大基业。当周天子十分惊讶地问他怎么如此之快时，姜太公胸有成竹地微笑作答："简其君臣礼，从其俗也。"第二，推行调理阴阳、治国安邦之术，实行尊崇贤智、奖赏有功、任人唯贤的政策。第三，开放工业、商业，发展渔业、盐业优势，同时劝勉妇女做工，发展手工业，所以人和物都聚集到齐国来，使齐国很快成为"冠带衣履天下""海岱之间敛袂而往朝"的国家，这就是说，当时齐国的衣饰鞋帽领导着周朝诸侯国的服装新潮流。难怪到了西汉，皇家贵族还要在这里专门设立制作三季服装的"三服官"。姜太公的五世孙哀公，因受纪侯的诬陷而被周夷王烹死，他的弟弟胡公迁都薄姑（今博兴县境内）。哀公的同母少弟山，率营丘人攻杀胡公而自立，就是齐献公。公元前859年，齐献公复都营丘，因临淄水而更名临淄。对这一系列历史事件，馆内均有详细的图文说明。

齐国兴建国都时，地理位置是经过周密考虑和科学安排的，它利用系水、淄水作为西、东天然屏障，又在大、小城南北墙，挖护城河，使水系相连，四面环绕，构成了一个

完整的排水网络。这些措施使这个具有七万户、人口达三十多万的繁华城市内的废水、积水得以顺利排出，即使大雨滂沱也安然无恙。

为反映齐国都城盛况，馆内还运用了电动图展现齐故城的城池、城门、交通干道、排水系统、冶炼、铸铁、作坊和宫殿区，然后用模型再造了战国齐都临淄的一角，生动真实地再现了纵横家苏秦描绘的"临淄之途，车毂击，人肩摩，连衽成帷，举袂成幕，挥汗成雨"的盛况。模型近景为繁华的大城民居和街市，中景为气势恢弘的王室小城，远景则是临淄西、南方的旷野和山峦，给人以强烈的视觉震撼。

（四）桓管霸业厅

桓管霸业厅反映了春秋时期群雄争霸的激烈场面。公元前686年，齐国内乱，襄公被杀，国内无君。逃往国外避难的公子纠和小白，于公元前685年，分别率兵从鲁国和莒国日夜兼程奔赴齐都，以求继承王位。公子小白在途中遇见辅佐哥哥的管仲，险被管仲一箭射死，差点丢了性命。后来，大难不死的公子小白终于继承了王位，这就是历史上大名鼎鼎的齐桓公。本来他想杀掉管仲，报一箭之仇。

但是他却能听取劝告，摒弃前嫌，沐浴更衣，亲自迎接满腹经纶、治国有方的管仲，并拜为丞相。从此两个人携手共进，于

是就有了著名的"桓管改革",也因此成就了一匡天下的宏图大业。姜子牙在建立齐国时带来的舒张、达观的国风,自由、开朗的民风,终于为齐国后来称霸春秋打下了一个好的基础。不过,真正给齐国带来盛世雄风的还是长眠在牛山的一代贤相——管仲。

管仲临危受命,辅政40年,殚精竭虑。公元前685年,他出任宰相时,正面临着一个充满动荡和百废待兴的局面。管仲上台后,立刻治理整顿,稳定局势,充分

利用自然条件，发展生产，通渔盐之利，兴山林、海河、农工之业，壮大经济，增强国力。展厅东边陈列的便是当时流通的货币——齐刀币，这是当时最流行的货币，通行于东方各国。

（五）韶乐厅

桓管霸业厅之后是韶乐厅。齐桓公在位43年，死后五公子争位而引起了连年战乱，齐国丧失了霸主地位。至25代国君齐景公在位时，齐国出了一位其貌不扬、身材矮小，被人讥讽为"东夷之子"的贤相晏婴。晏婴字仲，谥平，又称晏平

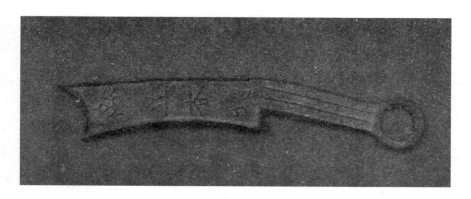

仲，世称晏子。今山东高密人，春秋时期著名政治家。事齐灵、庄、景三公，为景公相。敢于犯颜直谏，纠正国君的错误，提倡节俭并且能身体力行。展厅里的图文记述了关于晏婴的小故事：1.智谏省刑。因景公滥用刖刑，无数人被砍去了脚，使临淄城市场上出现了一种十分奇怪的现象，鞋子很便宜，都卖不出去，假脚很贵，却买不到，叫做"踊贵履贱"。晏婴借景公为他迁府之机，机智地向景公进谏，省去了刖刑。2.赈济灾民。由于齐景公"好治宫室、聚狗马、奢侈、厚赋重刑"，人民劳动所得被公室征去三分之二，只剩下三分之一供一家老小食用，国库的粮食腐烂生虫而老百姓却受灾冻饿而死。

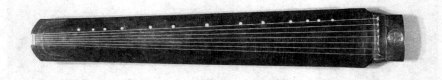

有一年临淄连降几天大雨，晏婴先把自己家中的粮食分给灾民，后三次进谏景公开仓济民。

韶乐厅古朴幽雅，让人如临仙境。由于齐国经济发展，国力强盛，为音乐艺术的发展提供了有利的环境。音乐演奏水平之高，莫过于乐舞《韶》，怪不得孔子连连称叹"尽美矣，又尽善也"，听后竟然三个月吃不出肉的滋味。清代嘉庆年间在齐国故城东南郊挖掘出了"孔子闻韶处"的石碑和数枚石磬。

望着展厅内一件件布满锈迹的古代乐器，我们仿佛已飞跃时间的长河，回到了那遍布娱乐场所，音乐实践活动丰富普及的临淄城内。在厅内除陈列了钟、磬、琴、箫、埙、竽等古乐器外，还把部分已失传的古乐器绘图镶在了壁上。他们以《箫韶九成·凤凰来仪》为主旋律，在尽量保持原曲主旋律风貌的前提下，兼及现代人的艺术欣赏需求，以现代的思维方式和感觉进行整理、改编。这样，既保持了原曲的淳朴习风，宽缓勤劳、热爱生活的韵律和气质，又为今人喜闻乐见，编成了《齐韶新乐》，厅内有专职的乐队为大家演奏，让游客们感受孔子"三月不知肉味"的感觉。

走入下一个展厅，历史的脚步已经走到了战国时期。姜太公建立齐国，传了31代，称为姜齐，到齐康公时，姜齐的势力

逐步被田氏所取代，田氏取代姜齐是经过长期的反复斗争的结果。这场斗争，实质上是春秋战国时期新兴的地主势力与奴隶主势力斗争的一个缩影。它表明新兴地主阶级作

为独立的政治力量，在齐国取得了政权。从此，中原主要国家都进入了封建社会。三家分晋和田氏代齐，成为春秋与战国时代历史分期的标志。

　　展厅的墙壁上有四幅巨大的壁画，以连贯的手法展示了田氏代齐的历史过程。四幅壁画的名称分别是：取得民心、权归田氏、外和诸侯、列为诸侯。

　　今天的中国人恐怕没有多少人知道齐威王是谁，但是他说过的那句"不飞则已，一飞冲天；不鸣则已，一鸣惊人"的

话,却几乎家喻户晓。展厅通过塑像、图画、解说相结合的手法,向我们展示了这位战国明君。齐威王中兴齐国的诀窍,虽然仍然是革新,是改革,但这种革新与改革,已经与开国之君不同,它的关键首先是消除腐败,是治理已经积重太深的官场衙门,壁画生动地展示了他用大锅烹死贪污的大夫的故事。

在齐威王的画像后,是一幅古道的画像,这条密林遮天的古道,就是小学教科书和军事著作中记载的马陵道。这条古道,至今还在默默地向人们称颂着一位杰出的战神,他就是"东方兵圣"孙武的后代,齐国的军师孙膑。他的兵书和他的祖先的兵书被历代兵家奉为兵学圣典或武经，也被外国人称为"古代中国在管理思想上的光辉贡献"。接下来就是循环播放的电动图表及电视录像，生动地向我们展示了孙膑指挥的两大战役：桂陵之战和马陵之战。

再向下走就可以看到根据历史资料制作的模型，展示了齐国的国都临淄城的一角。在模型的后上方书写："临淄之中七万户。"同时展现了史料所载："那时的齐城大街上，各种店铺鳞次栉比，车水马龙，川流不息，来往行人熙熙攘攘，肩挨着肩，脚碰脚；人们把衣襟连起来，就像帐篷，举起袖子可以连成幕布，如果大家都把汗水一洒，简直就像下雨一样啊！"从出土的建筑材料齐瓦当里，人们看到的是拙朴可爱的图案,是极富有生命力的树木和动物形象,是东方美术史上最为强调的对称美。展厅的一角陈列着1979年故城西南墓中出土的嵌金银镶绿松石铜镜,该镜高115厘米、宽58厘米、厚1.5厘米,重56.5千克,背部有5个镂孔钮,中间、四角各有一个,配上龙凤纹图案,十分精巧别致。

在该展品的下方是1964年南齐墓中出土的圆铜镜,它的造型、纹饰与当时流行的款式并没有太大的区别,但是背部的设计可谓独具匠心。其背部用9颗银质的乳钉组成十字形,并在边缘处用3颗铜钮等距离排布,这样,就将其背面的云纹四等分,辅以金银丝,使铜镜更显得高贵典雅。其他展品还有双龙把手簋、大铜盂、人形足敦、鎏金花纹银盘、鎏金编钟、丙午带钩、银蒜头壶、桓子孟姜壶、雁足灯等珍贵的文物，向我们诉说了千年古国的文化韵味。

这里还分别为姜太公、齐桓公、齐威王、管仲、晏婴、孙武、孙膑、田单这八位明君贤相、军事家制作了塑像，皆栩栩如生，好似把游人置于具体的历史环境中。

（六）武威厅与科技厅

武威厅详细地记述了齐国的各类兵器，而科技厅则是向游人展示齐国的科技实力。齐国科技门类众多，技术水平先进。到战国时，不仅位居诸侯国之前列，有些已经达到世界先进水平。龙山文化时期快轮制作的蛋壳陶，黝黑漆亮，陶质坚硬，是古陶制品中的杰作。临淄出土的战国陶

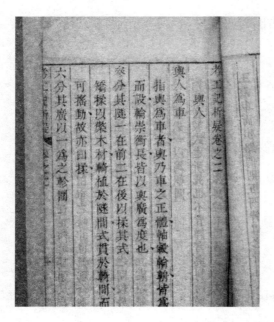

器钵、豆、鬲、鼎、匜、笾、盘、罐、盆等，均纹饰精美，变化多端。冶炼铸造业发达，各类产品应用于生产、生活和军事中。纺织印染业兴盛多年，罗、纱、缦、绢、绮、纨、缟、棉畅销列国，赢得了"冠带衣履天下"的美誉。天文学、医药学人才辈出，有记录三十个工种的工业技术著作《考工记》，成为研究古代科技的重要文献。

（七）稷下厅

接下来便是著名的稷下厅。战国时代，各国争雄，动荡不宁，当时不管是哪个国家的政治家们，要想成就伟业，就要招揽人才。于是在这里，出现了中国古代的一个社会科学院，中国古代最大的学术论坛——稷下学宫。在这个庞大的学术文化中心里，容纳过诸子百家几乎所有学派的代表。荀子在这里经天纬地，阐发着他朴素的唯物主义；孟子在这里纵论历代兴亡，展示着儒家"亚圣"的风姿。稷下学宫的学士们不担任实际职务，却可议论时政、著书立说，有时还充当使者，受命于齐王，到各地游说，以出世的热情投入到为齐国争霸的入世的事业中。画像先向人们展示了两个关于稷下学宫的小故事。

稷下学士邹忌一次为齐威王弹琴，齐威王准备洗耳恭听。谁料邹忌却滔滔不绝地只讲琴谱不弹琴，齐威王忍不住要发作，邹忌缓缓地说："大王，你多年不修国政，不

就像拿着齐国的大琴不弹一样吗？"而当又一次邹忌告诉齐威王他与徐公比美的故事以后，齐威王羞愧难当，幡然悔悟，当即颁布一个三赏令：能当面说出寡人过失的，给一等奖；能写出书面意见指出寡人错误的，给二等奖；即便不是当面，而是在公众场合表达对我的意见，传到我耳朵里，也要给三等奖。广积人才，就要广开言路，没有言路，就等于断了人才之路。

在"稷下学宫"里，数排长凳前，以壁为幕，虚实参半，一场小电影开始放映了，反映的是稷下先生论辩的场景。四个辩

题，正反方依次登场，各执一端，唇枪舌剑，但又彬彬有礼、妙趣横生，一派文雅之风。

（八）火牛阵厅

火牛阵厅则综合运用了灯光、模型、声效等手段生动地向游人展示了"田单火牛破强敌"的历史故事，辅以巨幅图片和田单塑像，仿佛把游人带回了那个战火纷飞的年代。公元前284年，燕国联合了五国的兵力攻打齐国，半年的时间，攻破齐国70座城池，只剩下莒城和即墨城没攻下，齐国危在旦夕。这时，一个资浅名微的小官吏田单临危受命，挽狂澜于既倒，扶大厦于将倾。他组织军民团结抗敌，坚

守即墨。为击破围城的燕军，他驯集了几千头壮牛，牛角绑上尖刀，牛尾捆上芦苇，身披五彩龙纹衣，趁着天黑，点燃了牛尾巴上的芦苇。同时五千名将士化妆成神头鬼面，一起冲出。好一个鬼神莫测的火牛阵，杀退敌人百万兵。接着，他又乘胜追击，驱逐燕兵，一举复国。但是，经过这场战争，齐国元气大伤，加上以后的几位君主执行孤立自保政策，秦攻魏、灭赵、燕等国，齐均不救，秦灭五国之后，于公元前221年攻破临淄。齐国八百年基业，至此并入了一统的秦。

陈列馆的最后是徐悲鸿先生根据司马迁的遗愿而创作的一幅"田横五百士"油画，表达了人们对田横等人高尚节操的仰慕。

临淄齐国故城遗址博物馆不仅是历史的见证，

更是文化的延续, 我们通过它看到的不仅是3000年前的群雄逐鹿、战火纷飞, 举贤尚恭的东周霸业, 百家争鸣的思想解放, 更多地体会了齐文化的独具特色与博大精深。游完齐国历史博物馆, 你还可以登上15米高的宫城之顶, 举目远眺, 松柏叠翠的牛山、蜿蜒绵长的淄河、状若山丘的田齐王陵、高楼林立的现代化临淄新城, 以及绿树掩映下的农舍、风景如画的乡间阡陌, 尽收眼底。

五、临淄中国古车博物馆 和东周殉马馆

（一）临淄中国古车博物馆

临淄中国古车博物馆是1990年全国十大考古发现之一，以后李春秋殉车马为基础而建，分古车陈列馆和地下春秋殉车马展厅两大部分。1994年9月9日建成。占地13000平方米，建筑面积3600平方米，建筑为覆斗形式，其内容集中国古车研究成果之大成，荟华夏历代车乘之精粹。这是我国首家内容最丰富、最系统，并将考古发掘现场与文物陈列融为一体的中国古车博物馆。

石牌坊上的横额为"万乘一览""车萃""马魂"揭示了中国古车马的辉煌历史。这幅"轮运三代鼎五霸盛业，辐集九州聚七雄精英"的楹联，不仅进一步标明了齐制车乘时间的悠久和工艺吸收空间的广大，还含有车乘发展与齐国为春秋五霸之首、战国七雄之强的密切关系之意。

距数里之遥就可望见的一根白色巨柱，高13米，顶端斜置一车轮造型，柱上是张爱萍将军手书的"临淄中国古车博物馆"，这就是象征临淄中国古车博物馆的标志。一处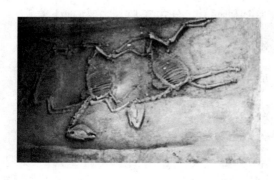大型汉白玉壁雕，以浮雕艺术形式反映了车乘的发展历史，内容分车战、轮运、未来三部分，题目是"运载千

秋"。说明车乘是人类历史发展的结果，同时又促进了人类历史的发展。车乘不仅载着人类来到

文明的今天，还将把人类载向更加文明的未来。

临淄，是先秦时代齐国的都城，对古代手工工艺进行全面科学总结的经典著作《考工记》就由齐国工官所撰写，其车辆的制作技术在当时的年代也鲜有出其右者。在不同的时期中，为了适应不同的用途，我国古车发展出多种车型，在系驾方法上也不断改进、不断完善，留下了独特而发人深思的历史轨迹。随着历史的演化，人抬的辇、轿的出现，日益为统治者所喜用，从而对制车技术的提高产生了抑制作用，尽管如此，中国的制车技术和

漫长的历史，依然反映出中国劳动人民的聪明才智。

中国古车博物馆共分为三个展厅。

第一展厅，主要是讲述了车子的产生。可以说，车的起源是多元的，是世界各地的人们在日常的生产生活中独立地探索制作出来的。尽管如此，直到公元15世纪末，世界上仍有将近一半的地区不知用车。在轮子出现之前，原始人已知道利用滚柱，与滚柱同时存在的有平拉式橇和斜拉式的无轮橇。馆里陈列了公元前四千年的美索不达米亚平拉式橇线刻图，公元前两千年意大利岩画中用两头牛拉的橇，加拿大西部的斜拉式橇。

从史料记载看，我国古车出现于夏代，约公元前22世纪至约公元前17世纪初，《尚书·甘誓》载："左不攻于左，汝不恭命，右不攻于右，汝不恭

命。御非其马之正，汝不恭命。"意思就是说，战车上左边的战士如果不使劲打，就是没有完成任务；右边的战士如果不使劲打，就是没有完成任务；赶车的人，如果不把马赶在正道上而出了

轨，也是没有做到他应该做的。《甘誓》是夏王启（大禹的儿子）征伐扈氏时，在甘誓与军旅作的誓词，"左""右"和"御"指车上的三名甲士，说明这时已有乘三人的战车。战国时史官所写的一部书《世本》和《左传》中记载奚仲是夏代有名的制车者。奚仲，姓任，黄帝之后，是夏代的车正，即掌车的官，居于薛。但是夏代的车仅见于史书上的记载，并无实物出土，展厅里的战车也只是模型。

展览馆里商代的车主要是在河南安阳殷朝的国都遗址发现的。在安阳小屯、大司空村、郭家庄、孝民屯南地等处共出

土二十余辆，大多为一车二马，只在小屯宫殿区发现一辆一车四马。当时埋葬的都是木制车，木质已腐朽，但车马的铜锦仲还都保留在原位置，为我们留下了珍贵的古车实物资料。

在河南安阳殷墟一带出土了二十余辆商车，这些车辆成了展厅展品的原型。展厅里陈列的第一辆车便是商代曲衡车的复原模型。它的构造特点是：只有一个车辕，称为单辕车，辕两侧缚双轭，用以驾两匹马，车厢呈横向长，门向后开。此时的车多用于战争，很少用做交通运输工具。商末武王伐纣时的战争中就动用战车三百余乘。在那时，驯养马匹、拥有马车的费用并非一般人可以负担的，所以拥有马车也就成为身份和地位的象征。展厅展示了一辆驾四匹马的大型车，构造十分华丽，出现了许多车马身上的装饰品。车衡上贯穿缰绳的大环称仪；设在车厢前供人

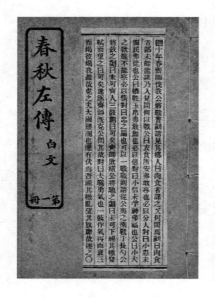

凭倚的横木叫轼；车厢后的横木叫轸；轵也就是贯穿车轴末端的小孔。在《诗经》中的许多诗句对当时的车马多有描绘。《诗经·大雅·烝民》中

记载"四牡骙骙，八鸾喈喈"（四匹公马跑得猛，八个鸾铃响得欢），今天我们仍可由此想见当时贵族马车的威猛气势。在展厅的南端是周代四马车部位名称及示意图。

春秋战国时期，随着列国争霸战争的加剧，战车的数量迅猛增加。这时开始出现了"千乘之国"的称号。战车成为一国最重要的军备，拥有战车数量的多少成为衡量一个国家强弱的重要标志，展出的春秋战车就是根据后李春秋殉车马坑中出土战车中的一辆复原的，车毂

长度减短是此时车具最显著的改进。这是齐国人田单的发明。齐湣王时，燕军在上将军乐毅的率领下大举伐齐，所向披靡。时任临淄城佐理市政小官的田单教族人将车轴两端锯短，并裹以铁皮加固，以备不时之需。不久临淄陷落，人们纷纷外逃，但多因车轴过长引起车子相撞而未能逃出，独田单一家及其族人顺利到达即墨。此后田单被推举为将军，率众坚守即墨抵御燕军，又巧施妙计，用"火牛阵"大破燕军，并乘胜追击，一举收复齐国失地，立下赫赫复国奇功。

第二展厅首先展示了战国时代的战车。为了适应频繁而激烈的车战，战车的制造更加精工，而且向有利于战斗方面改进，所以将轨距减小，车辕缩短，车舆变轻，以增强其

灵活性。有
的战车在
舆四周装
有大型铜甲
片，驾车的
马也披有
马甲，防护
更为严密，

战车上配备的武器也更加多样化。车軎
上的尖刺也改成刀或矛状，以杀伤接近
战车的敌方。展厅里展示的一辆战车是
根据1990年临淄田齐王陵区2号陪葬墓
发掘的战国车复原的。长2.98米，宽2.64
米，轨距1.8米，比商代车轨距缩减了0.4
米。2号战国墓中同时出土的还有运输的
役车。同时在战车的下方，还展示了战国
车马具。车盖：盖弓、盖弓帽、盖柄箍。车
盖并不是完全固定在车上的。当战车投
入战斗时须卸去车盖，所以车盖柄分为
好几节（战国时多为3节，汉代多为2节），当中用铜箍套合。插旗筒，淮阴高庄战国墓出土铜器刻纹中的车，后有插旗。张弩器，固定在战车前部，可将弩架在上面。

秦统一六国之后，战争相对减少，车子向实用、舒适的方向发展。此后，车主要作为交通运输工具在人们的日常社会生活中出现，展出的秦车是根据秦始皇陵出土的铜车马制作的。据它的形制来看，应为秦始皇出巡时的专车。原车为铜制，车厢呈方形，车盖为穹庐顶，通体彩绘、装饰华丽，全车共由三千多个部件构成，这辆车基本接近了实用车，制造技术高超，工艺精湛，被人们誉为"青铜之冠"。而它的另一重要贡献是系马的缰绳也为

铜制，保存完好，留下了异常珍贵的实物佐证，证实我国先秦时期的先进系驾方法——轭靷式系驾法的存在。此法是我国的独特创造，非常科学。采用此

法的中国古车马疾车轻，性能好、速度快，是当时世界上最优良的车型。正是因为系驾方法的不同，形成了我国有车战且擅长车战，而西方国家虽有战车却不流行车战的差异。西方的战车只能用于奔袭或追击，待追上敌人后就下车步战。否则，战斗一激烈便有可能把驾车之马勒死。

　　汉代以后，社会较为安定，制车技术有了进一步发展。双辕车在战国开始出现以后，到汉代得到广泛应用。双辕车可驾一马，马具得以简化，系驾方法也随之改进。当时出现了多种车型，高级官员坐"轩车"、一般官员乘"轺车"、贵族妇女坐"缁车"、仪仗用"斧车""鼓吹车"、丧葬用"辒辌车"、押解犯人用"槛车"等

等。

但汉代又有许多繁文缛节。根据文学家贾谊作文专述乘车之姿态的要求，展厅里绘制了壁画，表现了当时人们乘车出行的豪华场面。那时有"立车之容""坐车之容"等规定。一般有身份的男人出门，要正襟危坐在车厢中，保持端正的仪容姿态。故而乘车时十分不自在，时间长了是非常累的。

第三展厅的展示是从魏晋南北朝时期开始的，那时候的统治阶级开始喜乘牛车，马车逐渐绝迹而牛车盛行。牛车速度较慢，行步安稳，车厢封闭，可幛帷设几，人们躲在车厢里面可任意坐卧，十分舒适随意。在当时犹喜用慢吞吞的小牛拉车，故又名"犊车"，反映出当时社会生活节奏的放缓。橱内展示了多种牛车：

魏晋时代的牛山画像，西晋时代的陶牛车，十六国时代的陶牛车，北朝时代的陶牛车，南朝时代的陶牛车，北齐时代的陶牛车，初唐时代的铜牛车，北魏时代的石刻线画通幰牛车，北魏时代的趺石线刻偏幰牛车。

不能不提到的一点是晋代马镫的发明，是我国对人类文明的重要贡献。4世纪20年代的南京象山7号墓所出土的陶马俑已配有双镫，表明这一发明在我国已臻完成之境。而4世纪中叶以前，除我国之外的世界其他地区都没有马镫。在马镫由我国传入波斯时，还被当地人亲切地称为"中国鞋"。因为有了马镫，骑乘者在马上才能获得稳固的依

托，才能更有效地控制马匹，使骑乘得以广泛流行。这样，马披甲而人着铠的重装骑兵才得以在历史上出现。在我国历史上，重装骑兵发挥了重要作用。而在西方，由于马镫的传入使骑士集团形成，最终导致了欧洲封建制度的建立。所以英国的科学史专家李约瑟就引用林恩·怀特的话说："只有极少的发明像马镫这样简单，但却在历史上产生了如此巨大的催化影响。"

展出的《陈涛斜战斗图》就充分体现了骑兵的威力。那是在唐玄宗天宝十五年，安禄山起兵谋反，当时的文部尚书房琯率军迎击叛军，双方在咸阳县陈涛斜展开了一场激战。房琯本是一个读书人，根本不懂带兵打仗。他见古书上讲的都是"车战"，便效仿古人，起用牛车两

千乘，去对抗安禄山骁勇的骑兵，结果可想而知，唐朝军队遭到了惨败，几乎全军覆没。

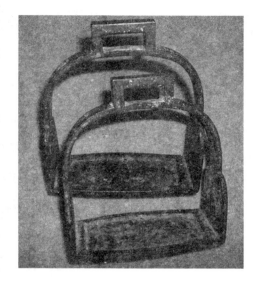

自唐代而后，轿子开始盛行。轿子的雏形在战国时开始出现。这种只讲求舒适安全而浪费人力、不讲究行进速度的交通工具的风行，和当时整个社会文化倾向颓靡、生活节奏更加迂缓迟滞是一致的。更令人慨叹的是这种风气的蔓延，对制车技术的改进发展产生了极大的抑制作用，加之当时社会的各种内外因素，使得我国的制车技术自此落伍了。只是到了现代，我国的制车业才奋起直追，逐渐赶上世界水平。

（二）东周殉马馆

春秋殉车马展厅又称东周殉马馆。位于齐国故城大城东北部淄河东岸，现在的河崖头村西，有一处东周时期的贵族墓地，已发现大中型墓20余座。其中有一座殉马墓，墓室夯筑而成，东西23米多，南北26米余，有宽阔的南墓道，椁室是用自然石块砌成。墓在古时被盗掘多次，随葬品一件未剩，根据残存的各类器物的陶片推断，属春秋晚期。

椁室位于墓室中部，用自然石块垒砌，南北长8米，东西宽7米，深5米。墓早年被盗，随葬品无存，唯周围的殉马坑大部分保存完好。在墓的东、西、北三面有一"门"形殉马坑，东西各长70米，北面长75米，宽5米，三面相连，全长215米。1964年山东省考古所发掘了北面西段54米，清理殉马145匹；1972年发掘清理了西面南端30米，殉马83匹；1980年于西面南端建起殉马坑展厅，

展示殉马106匹。殉马排列密度平均每米2.78匹，全部殉马当在600匹上下，世界罕见。殉马全系壮年战马，且均为骟马，是被处死后人工排列而成，马两行，前后叠压，昂首侧卧，四足蜷曲，形作奔跑状，呈临战姿态，威武壮观。1983年，国家在清理出的30多米殉马坑上，就地建起古朴大方的展厅，并对马骨作了防腐保护处理，以供人们永久观瞻。

除了马骨架保存完好之外，马头上的装饰品更是光鲜夺目、精美绝伦，而且形式多样，各具特色。有的马饰是海贝，呈柿蒂状排列；有的马饰是铜珠连成串饰；还有的马饰则是铜泡与铜珠结合。

马是商周时期国家的重要战备资源，也是奴隶主贵族的重要财富。因为当时军队的主体是车兵。战斗开始，甲兵纵横，

驰骋冲击，以决胜负，步兵跟从车后，只起辅助作用。所以马匹的多寡，是国力强弱的标志之一。当时战车由四马驾挽，两服两骖，每辆配备甲士三名，称为一乘。春秋时期，六百匹马可装备一百五十乘，相当或超过一般小诸侯国的实力。文物考古部门考证认为其墓主人为景公杵臼。齐虽为大国，君主死后殉葬如此众多的壮马，也不能不使人惊讶。齐景公，公元前547年至公元前490年在位，是继姜太公后第25代国君，在晏婴的辅佐之下，在位58年，是齐国执政时间最长的一位国君，"好治宫室，聚狗马"。殉马这一事实，充分反映出齐国国力的强盛，也暴露出齐国贵族的奢华。殉马坑的发现，在国内外有着很大的影响，引起考古界人士的高度重视，它为研

究我国春秋战国时期的历史，特别是对研究齐国的军事及畜牧养殖业等，提供了极其重要的资料。

周朝殉马坑是在修建济青高速公路时，发掘后李文化遗址时发现的。国家决定就地保护，文化部门和交通部门共同协商、研究、采取了保护措施，将车马展厅建在了济青高速公路淄河大桥东端引桥之下。最令人啧啧称奇的是，在这距今两千六百多年的古车之上，仅一层之隔，便是济青高速公路，奔驰着各种现代化的汽车，不同时代的速度在这里相遇，形成鲜明的对比，上下五千年的历史就在这里交叉相会了，是难得一见的今古奇观。

六、临淄与齐国历史

(一) 历史文化悠久的故城临淄

齐鲁文化在中华民族文化的形成中有着不可代替的作用。然而如果没有远古文化的沉淀，何来今天的蓄势待发，让我们走近它的源头，从孩提时代说起。

齐国是周朝诸侯国之一，姜姓，侯爵。田氏代齐后，史称"田齐"，妫姓。齐为春秋五霸、战国七雄之一。齐国位于今山东省东北部，面临大海，是周王朝开国功臣姜尚（齐太公）的封国。都城设在临淄（今山东省淄博市临淄区）。疆域最初只在今山东北部，东与纪、莱，西南与鲁，北与燕、卫为临。周公旦摄政时，三监作乱，淮夷叛周，周公命令姜太公曰："东至海，西至河，南至穆陵，北至无棣，五侯九伯，实得征之。"齐由此有了征伐权，成为周王朝东方大国。

春秋初期，齐与主要竞争对手鲁国之间经常发生战争。公元前689年，齐襄公灭鲁的属国纪，扫除东面障碍。公元前686年，公孙无知杀襄公自立，公子纠投奔鲁，公子小白奔莒。鲁起兵伐齐，欲立公子纠，而齐高氏、国氏已召小白先入，击败了鲁军，立为齐桓公。桓公任用管仲进行改革，国力富强，成为霸主。公元前684年，齐国最先成为霸主，它首先灭掉了位于今天山东寿光西南的纪国，然后在今山东汶上北上，灭掉了北方诸国。之后迅速灭掉了西面的小

国谭，向鲁推进。公元前681年，又与宋、陈、蔡、邾会于北杏，南下灭小国遂，迫使鲁与齐议和，会盟于柯。次年，齐王命陈、曹伐宋，迫使宋国屈服，并与宋、卫、郑会盟于鄄。又次年，齐与宋、陈、卫、郑再次会盟于鄄，确立了其霸主的地位。

春秋中期，齐桓公以"尊王攘夷"为号召，联合中原各个诸侯国，讨伐戎、狄、徐、楚，安定周室。公元前664年，齐北讨山戎，救燕国；又北逐狄，解了邢、卫的危机；公元前656年，齐联合多路诸侯侵蔡伐楚，与楚盟于召陵。此后，齐多

次大会诸侯。公元前651年，齐会鲁、宋、卫、郑、许、曹于葵丘，齐国霸业达到顶峰。公元前643年，桓公卒，齐从此失去霸主地位。公元前589年，齐、晋大战于鞍(今山东济南)，齐大败。到灵公、景公时，齐依旧是仅次于晋的中原强国。公元前567年齐灵公灭莱国，疆土扩大到山东东部。疆域东到海，西到黄河，南到泰山，北到无棣水(今河北盐山南)。

春秋末年，齐衰落，卿大夫相互兼并。公元前548年，齐国重臣崔抒杀庄公，立景公。公元前546年，贵族庆封灭崔氏之族。庆封专齐政。次年，庆封后裔庆舍与栾、高(齐惠公之后)、陈(田)、鲍四族攻庆封，庆封逃奔到吴国。景公时，齐国名臣陈桓子施惠于民，民心归附于陈氏，陈氏因而强大。公元前532年，陈桓子联合鲍氏攻栾氏、高氏，栾、高二族的主要领袖逃到鲁国。公元前489年，景公卒，国氏、高氏(齐文公之后)立晏孺子，次年，陈僖子联合鲍氏攻国氏、高氏，国夏、高张奔鲁，杀掉晏孺子，立公子阳生为齐悼公。悼公在位四年，被杀，齐国贵族阚氏的阚止执政。公元前481年，陈成子杀阚止，专齐政。齐康公，本名姜贷。在位时沉湎酒色，任用田和为宰相。周安王十一年（公元前386年），齐康公被田和放逐于临海的海岛上，"食一城，以奉其先祀"，后来唯一的食邑也被收回，康公只好在坡上挖洞为灶，田和自立为国君，是为齐太公。公元前379年齐康公死，姜齐悄然登上了历史舞台。

田齐是妫姓国家，起始于陈厉公之子陈完。

陈与田古音相近，故古书往往作田。公元前672年，陈完入齐，辅佐齐桓公。陈完传五世至陈桓子，陈氏开始强大起来。以后陈氏逐渐兼并齐国的栾、高(齐惠公之后)和国、高(齐文公之后)以及鲍、阚等族，在齐国确立了统治地位。田齐的国都仍在临淄，疆域亦袭姜齐之旧。田齐立国时，已经进入战国中期。太公和是第一代齐侯。太公和之孙桓公午在国都临淄的稷下置学宫，"设大夫之号"，招聚天下贤士。公元前386年周安王承认田和为齐侯。到威王、宣王时，稷下学宫人才济济，成为东方学术文化的中心。齐威王任用邹忌为相，改革政治，齐国逐渐强大。公元前353年，齐大败魏军于桂陵。公元前341年，齐又大败魏军于马陵。公元前334年，齐威王与魏惠王"会徐州相王"，正式称王。威王晚年，邹忌与将军田忌争政。公元前322年，田忌攻临淄，求邹忌，不胜，只得逃亡楚国。齐宣王时燕国发生"子之之乱"。公元前314年，在孟轲劝说下，宣王命匡章率"五都之兵""北地之众"伐燕，五旬克之，一度占领燕国。齐成为战国七雄之一。

战国晚期，齐仍保持着强盛之势。公元前301年，齐联合韩、魏攻楚，大败之。公元前298—公元前296年，齐联合韩、魏连年攻秦，入函谷关，迫秦求和。公元前288年，齐、秦并称东、西帝，旋皆放弃帝号。次年，苏秦、李兑合赵、齐、楚、魏、韩攻秦，但是因为种种原因，最后作罢。又次年，齐灭宋。公元前284年，燕以乐毅为上将军，合燕、

秦、韩、赵、魏攻齐，攻入临淄，连下七十余城。齐城不下者只有莒和即墨。齐闵王逃入莒，被淖齿杀死。王孙贾与莒人杀淖齿，立闵王子法章为齐襄王。燕引兵东围即墨，城中推举田单为将，双方相持达五年。公元前279年，田单组织反攻，用"火牛阵"大败燕军，收复失地。齐虽复国，但元气大伤，无力再与秦抗衡。公元前221年，秦灭韩、魏、楚、燕、赵后，使将军王贲从燕地南攻齐国，俘虏齐王建，齐国灭亡。

齐国跨越春秋、战国两个时代，历经四十代君主，传世八百余年，雄踞山东、傲视群雄。综合国力的高度发达也使齐国首都临淄成为当时最重要的政治、经济、文化中心，在诸侯国中也是首屈一指的最大、最

繁华的城市之一。

在齐国故地临淄，我们仍然可以领略到当年的恢弘气势。城内高大的土台建筑和华丽的王宫在当时的诸侯国中是十分少见的。护城

河、旧城墙、壕沟以及先进的排水系统都说明齐国的防御工事和城市建设技术十分高超。大批制作精良的武器和大量的殉马、殉车则说明了齐人好战尚武的民族风貌。根据《国语》记载，齐桓公曾经一次性赏赐卫国的国君良马三百匹。马匹特别是优良的战马，在春秋战国时期是衡量一个国家综合实力的重要标志，《左传》中就用"千乘之国"来形容春秋时的军事强国，在《论语·学而篇》中，孔子曰："道千乘之国，敬事而信，节用而爱人，使民以时。"而齐国作为雄踞东方的

军事强国，更是十分重视马匹的驯养和训练，政府大力倡导畜牧业，对饲养和训练优秀战马的农户给予很高的奖励，这就为其军事上称霸提供了可靠的保证。《论语》中就记载齐景公时期"有马千驷"。可以说正是上述的客观条件使齐国能够保持春秋五霸、战国七雄的地位，始终雄踞东方、傲视群雄。

齐国除了军事、政治上的优势外，它还是"百家争鸣"的策源地。"稷"是齐都临淄一处城门名，"稷下"即齐都临淄城稷门附近，齐国君主在此设立学宫。学宫因处稷下而称"稷下学宫"，学界比较普遍的看法是稷下学宫创建于田氏取代姜族，夺取齐国政权后的齐桓公田午时期，发展于齐威王时期，兴盛于齐宣王时期，中衰于齐悯王时期，亡于齐王建时代，它基本与田齐政权相始终，随着秦灭齐而消亡，历时大约一百五十年左右，对后世产生的深远影响直至今日。田齐当权者出于其意欲一统天下的政治目的，广泛引进人才，为促进齐国政治、经济、军事的发展和思想、文化的繁荣，不惜投入大量的人力、物力、财力，大兴土木，建设稷下学宫；还为荟萃于稷下学宫的高级学者们提供特殊的政治地位——据其学问、资历、成就、贡献的不同，授予"客卿""大夫""上大夫"或"先生""学士"等不同的称号和荣誉；优厚的经济待遇——畅通的交通，优越的居室，高昂的俸禄；宽松的学术气氛——不论何家何派，以何种形式发表思想、各抒己见，均来者不拒，往者不追，鼓励他们"不治而议论"，大力奖励各家学术探讨，纵论天下大事。享受着齐国君王恩惠滋润的稷下先生们，关注现实，反思历史，探索未来，议论世界，不仅注重抨击现实，而且注重针对现实发表改变现实的策略，取得了具有鲜明时代性和现实性的丰硕的学术研究成果。其内容涉及政治、经济、军事、哲学、历史、教育、道德伦理、文学艺术、逻辑、美学、法学以及天文、地理、历数、医、农等多学科的知识。这些稷下学术著述的问世，不仅极大地丰富了先秦思想理论的宝库，促进了战国时代思想文化的繁荣，而且深刻地影响了中国古代学术思想的发展。

稷下的学士们来自不同的国家，分属

于不同的流派，代表各阶级、各阶层，各自都有不同的政治主张，一时间形成了百家争鸣的政治局面。儒家的创始人孔子、墨家的创始人墨子，就出生在齐鲁大地。其他各派的游士、各国的学者也纷至沓来，齐集稷下学宫讲经论道、各抒己见。根据《史记·田敬仲完世家》记载："邹衍、淳于髡、田骈、接子、慎到、环渊之徒七十六人，皆赐列第为上大夫，不治而议论。"特别是在齐宣王时期，稷下学宫达到了鼎盛。儒、道、名、法、墨、阴阳、小说、纵横、兵家、农家等各家学派林立，学者们聚集一堂，围绕着天人之际、古今之变、礼法、王霸、义利等话题，展开辩论，相互吸收，共同

发展，形成了"百家争鸣"的局面。无怪乎司马光在《稷下赋》中感叹道："致千里之奇士，总百家之伟说。"可以说，诸子百家争鸣，活跃了春秋战国时期的学术思想，在我国乃至世界的古代思想史上占有十分重要的地位，而稷下学宫作出的贡献更是不容忽视的。但可惜的是，随着时间的推移，稷下学宫在齐国故城的具体位置我们已经无从考证，学术界的专家们正在进行着不断的努力。

在当时，齐国的乐舞也是闻名于世的，其中最具代表性的就是韶乐。春秋时期，韶乐在齐国十分盛行。故而鲁昭公二十五年（公元前517年）孔子入齐，在高昭子家中观赏齐《韶》后，不禁心驰神往，由衷赞叹道："不图为

乐至于斯！"怪不得司马迁在《史记·孔子世家》中留下了这样一段佳话："子在齐闻韶,三月不知肉味。"当然,这有点夸张的成分。肉对孔子那个时代的人来说是很重要的,孔子收学费,收的就是肉干（束脩）。但他听了美妙无比的韶乐之后,身心在很长一段时间都被韶乐所带来的愉悦和回味所占据萦绕,感到极大的安慰和平衡,所以,他感慨道："三月不知肉味！"韶乐,相传为舜创造,与东夷俗乐有一定的渊源关系,它起源于五千多年前,是一种集诗、乐、舞为一体的综合古典艺术。《竹书纪年》载："有虞氏舜作

《大韶》之乐。"周立国之后，用《韶》作为祭庙乐，故被视为宫廷大乐。姜太公封齐，以"因俗简礼"为基本国策，其下的历代君主多继续执行其开放务实的政策，故而宫廷与民间，没有像周王朝那样森严的界限，韶乐便得到了推广和普及，不仅用于祭典，还用于迎宾、宴乐等等。时至今日，我们仍可以从山东地区元宵节时庆祝用的大型舞蹈——百鸟朝凤中看到韶乐的影子。当我们今天踏着孔子的足迹来到韶院村时，仍旧会被那曾经使圣人忘记美味珍馐的天籁之音——韶乐所感动。

（二）临淄的历史沿革

临淄古城遗址不仅是齐国曾经辉煌的历史见证，更是一笔宝贵的物

质文化遗产。秦始
皇二十六年（公元前
221年），秦推行郡
县制，始置临淄县，
属齐郡。楚汉争战之
际，刘邦封韩信为齐
王。西汉沿用秦制，

仍置临淄县，并且封子肥为齐王。三国
时，临淄县属魏，隶于齐郡，青州刺史在
此地办公。经过两晋、十六国和南北朝，
临淄县先后属刘宋、萧齐、北魏、北齐，
临淄故城遭到了战火的严重破坏。隋开
皇十六年（596年），复立临淄县，属北海
郡。唐武德四年（621年），遂改临淄为北
海郡属邑，后改隶平卢道。五代十国，仍
沿用唐制。北宋时，临淄县属青州，金时
属益都府，金以前治所均在临淄。元末，
临淄故城被废弃，达鲁花赤李仲明于故
城南隅另建新城，临淄县署极其重要的
机构皆设于新城。明清两代，临淄县均属

青州府。

中华民国元年（1912年），废府、州，存县、道，临淄县隶属胶东道。中华民国十六年(1927年)废除旧的道制，隶属于山东省。抗日战争全面爆发后，清河行政区与冀鲁边区合并，称渤海行政区，当时临淄属渤海行政区五专署。1945年10月至1948年12月临淄属渤海行政区三专署，1949年1月至1950年12月属渤海行政区清河专区。1950年5月，新中国将临淄县划归淄博专区。1961年10月10日重新设立临淄县，隶属于昌潍专区。1969年12月16日，临淄划归淄博市，改为区制。1970

年1月正式以临淄区名义对外办公。

1961年齐国临淄故城被国务院授予全国文物重点保护单位称号。国家文化部、国家文化局于2003年授予临淄国家文物保护先进区称号。